.

FACULTÉ DE DROIT DE PARIS.

# THÈSE

## POUR LA LICENCE.

L'acte public sur les matières ci-après sera soutenu,
le vendredi 14 juillet 1854, à neuf heures,

Par A. Tim. CAMPENON, né à Villecrènes (Seine-et-Oise),
le 26 septembre 1833.

Président : **M. MACHELARD**, Professeur.

Suffragants :
{ MM. **ROYER-COLLARD**,
  **BONNIER**,                    } Professeurs.
  **ROUSTAIN**,
  **RATAUD**,                     } Suppléants.

*Le Candidat répondra en outre aux questions qui lui seront faites
sur les autres matières de l'enseignement.*

## PARIS.

VINCHON, FILS ET SUCCESSEUR DE Mme Ve BALLARD,
Imprimeur de la Faculté de Droit,
RUE J.-J. ROUSSEAU, 8.

1854.

3126

# A LA MÉMOIRE DE MON PÈRE

## F.-N. VINCENT CAMPENON,

Membre de l'Académie française.

# JUS ROMANUM.

ULPIANUS. FRAGMENTA DE DOTIBUS.

(Tit. 6.)

### DE FUNDO DOTALI.

(Dig , 23, t. 5.)

### DE IMPENSIS IN REM DOTALEM.

(Dig., 25, t. 1.)

### DE PACTIS DOTALIBUS.

(Dig., 23, t. 4.)

### DE DONATIONIBUS ANTE NUPTIAS.

(Cod., lib. 5, 3.)

---

### DE FUNDO DOTALI.

In favorem mulierum lata lege Julia cavetur ne dotale prædium, invita uxore, maritus alienet, et consentiente etiam muliere, hypothecæ vel pignori obliget ; mulieres visum est enim
difficilius intelligere quantum hypothecæ sit periculum quam
alienationis. Hypothecæ remotum est periculum , lucrum vero
proximum; dum alienata bona statim de dominio exeunt.

Justinianus vero, ut tanto magis uxoribus consuleret, mulierum consensum non ad alienationem melius quam ad pignus
hypothecamve valere, statuit, et, dum lex Julia tantum ad ita-
lica prædia spectabat, ad omnes dotales fundos ubicumque
sitos, eam extendit.

Cæterum hæc prohibitio ad quodque mobile non spectat, nec
ad res dotales in dotem datas cum æstimatione, nam illarum
plenius habet dominium maritus, ita ut, dissoluto matrimonio,
non res ipsas sed modo æstimationem restituere debebit.

Inde Africanus : *Quod si fundus in dotem æstimatus datus sit,*
*ut electio esset mulieris : negavit alienari fundum posse : quod*
*si arbitrio mariti sit, contra esse.*

Cæterum si dubium constat an electio ad maritum vel uxorem
pertineat, regula est quod in alternativis eligere possit debitor
(hoc casu maritus), nisi creditor electionem sibi tribuerit.

Alienatio non modo mariti prohibetur, sed etiam quum maritus in servitute cadit, ejus dominus non alienare fundum
potest. Si fundus ad fiscum pervenerit, quamvis fiscus semper
idoneus successor sit, alienatio attamen non valet. Et non modo
alienare, sed etiam servitutes, quæ fundo debentur, amittere,
vel alias imponere, vel ad alias transferre manus usumfructum,
prohibetur; nam per alienationem juris realis omnem intelli-
gimus translationem.

Quod de marito, idem de sponso jus.

Si uxor fundum marito constituit in dotem, et si eum ven-
diderit maritus, usucapionem emptor (etiam bona fide, etiam
per longi temporis possessionem) non perficiet; sed contra, si
ante matrimonium usucapio ceperit, antequam prædium sit
dotale, perget usucapio.

Quum alienatio non ex voluntate fit, sed ex lege, lex Julia
cessat; itaque si vicinus, damni infecti non cavente marito, in

possessiónem missus fuit, deinde possidere jussus sit, valet hoc dominium.

Pariter judicandum est ad alienationem quæ per judicium fit : per universitatem transire potest prædium ad mariti heredem, sed *cum suo tamen jure, ut alienari non possit.* (Paulus.)

Jam videndum quid sit prædium dotale : *Dotale prædium accipere debemus tam urbanum quam rusticum : ad omne ædificium lex Julia pertinebit.* (Ulpianus.) Et Paulus : *Si mulieris nomine quis fundum in dotem dederit, dotale fundus erit : propter uxorem enim videtur is fundus ad maritum pervenisse.*

Quum mulier in dotem dedit fundum cui servitutem debet conjugis prædium, fundus dotalis, sine servitutis emolumento, ad maritum pervenit; de dote vero judicans prætor restituet servitutem, mulieri vel ejus heredibus fundum restituendo.

### DE IMPENSIS IN REM DOTALEM.

Impensæ quædam sunt necessariæ, quædam utiles, quædam voluptuariæ.

Impensæ necessariæ sunt : *Quibus non factis dos deterior futura esset ,* « velut si quis ruinosas ædes refecerit, aut si oliveta rejecta restauraverit , arbores curaverit, vel seminaria pro utilitate agri fecerit. » (Ulpianus.)

Itaque hoc videtur necessariis impensis contineri quod si quidquid necessarium a marito omissum sit, judex tanti eum damnabit , quanti ad mulierem interfuerit eas impensas fieri. (Paulus.)

Necessariæ impensæ dotem ipso jure minuunt : inde sequitur quod si dotem restituerit maritus, non deductis in rem dotalem impensis, possit repetere eas impensas *indebiti condictione.* Hæc Marcelli sententia ; etsi plerumque negent, *propter æquitatem* Ulpianus ipse admisit. Sed quod dicitur necessarias im-

pensas dotem minuere non est accipiendum ut ipsæ res corpora-
liter minuantur, ut puta fundus, vel quodcumque aliud corpus :
manebit modo maritus in rerum detentationem donec ei satis-
fiat : non enim ipso jure corporum sed dotis fit deminutio :
hæc deminutio modo constat cum pecunia, vel corpora æstimata,
sunt in dotem.

Impensæ utiles sunt « quibus non factis, quidem deterior dos
non fieret, factis autem fructuosior effecta est, veluti si vineta
vel oliveta fecerit. » (Ulpianus.)

Voluptuariæ impensæ sunt « quibus neque omissis deterior
dos fieret, neque factis fructuosior effecta est ; quod evenit in
viridiariis similibusque rebus.» (Ulpianus.) Voluptuariæ, etiam
consensu mulieris factæ, non mariti exactionem pariunt; attamen, ut maritus auferre potest ornatum quem posuit, si mulier reddere eum non vult, aut si non separatio fieri potest, sol-
vere debebit æstimationem.

## DE PACTIS DOTALIBUS.

Dos est quod mulier, aliusve loco ejus marito dedit vel pro-
misit, ad matrimonii onera sustinenda.

Constituitur semper ante nuptias ; sed post nuptias de dote
pacisci potest, et commune jus dotium privatorum pactis mutari
potest.

Pacta sunt quædam licita, quædam illicita.

In primis reprobantur pacta per quæ mulier indotata, vel
minus dotata, vel deteriore modo dotata fieret. Sic non potest
effici per pactum ut, si matrimonium, superstite muliere, sol-
vatur, maritus dotem lucratur : fieret ita indotata mulier; plu-
rimum autem reipublicæ interest, soluto priore matrimonio,
aliud contrahi, et sine dote nullum constat matrimonium. Ta-

men si convenerit ut, divortio facto, sed liberis ex matrimonio viventibus, maritus dotem retineret, hoc pactum valeret.

De die dotis' reddendæ pacisci licet, ut ait Paulus, dum ne mulieris conditio deterior fiat : id est ut citeriore die reddatur : non valeret vero pactum quo conventum esset, ut tardius maritus restitueret.

Si, constante matrimonio, utile sit mulieri permutari dos, hoc pactum valere dicemus; quod si fuerit factum, fundus, vel res, dotalis efficitur. (Modestinus.) Hac sententia non debemus intelligere mutationem profecturam mulieri, sed non detrimentum laturam. (*Conf. jure dotium*, I. 26.) Hoc modo sufficit.

Non valet pactum ut maritus de dolo tantum non de culpa teneatur in re dotali admissa.

Pacta quæ de reddenda dote fiunt, inter omnes fieri debent qui dotem repetere possunt, et a quibus repeti potest. Itaque si extraneus de suo daturus sit dotem, quidquid vult, ignorante etiam muliere stipulari potest; postquam vero dederit, pacisci, consentiente muliere, debet. (L. 1, 20.)

In interpretatione pactorum hæc observanda regula : *In ambiguis pro dotibus respondere melius est.* (L. 70, *De jure dotium*.)

Pacta vero stricte interpretantur, itaque si conventum est, in divortii visu, non facto divortio locum pactum non habet. (L. 3.) Et pacta, in casum soluti matrimonii mulieris morte, non ad casum divortii trahuntur.

## DE DONATIONIBUS ANTE NUPTIAS.

Sponsalia donationibus committantur : sponsus in sponsam confert ita pignus pro restitutione dotis. Hæc donatio fit propter nuptias : si nuptiæ non valent, donatio non valet, et quod datum restituitur.

Apud veteres, ut non valebant liberalitates inter conjuges,

hæc donatio non poterat post nuptias augeri ; dotis exemplo eam, constante matrimonio, augeri posse, Justinus imperator consti-tuit, et Justinianus postea permisit non solum ejus modi dona-tionem augeri, sed et fieri post nuptias, eamque propter nuptias voluit vocari.

Propter nuptias donatio ad uxorem transit, ut ad maritum dos, et omnes adversus possessores propter donationem agere potest uxor.

Si, matrimonio constante, constituatur donatio propter nup-tias, non dote major, sed contra minor modo esse potest et, dis-soluto matrimonio, restitui semper debet.

In hac donatione de insinuatione sæpe variatum fuit. Nam olim sæpe insinuanda erat, nisi collata fuisset in matremfa-miliam minorem viginti quinque annis; sed deinde statuit Jus-tinianus non necessariam nec ex parte viri, nec ex parte mulieris insinuationem, quod postea emendavit, insinuationem requirens ex parte viri.

Olim quæ data, matrimonio non secuto, reddebantur hoc uno casu : si cum darentur ita conveniret, aut saltem si sub ex-pressa nuptiarum conditione data probarentur; si vero absque ulla nuptiarum mentione data essent, nullo casu repeti possint. Verum postea Constantino placuit quamlibet inter sponsum et sponsam donationem sub tacita nuptiarum conditione intelligi debere, et non secutis nuptiis (absque donantis culpa), repe-titioni locum esse. Si vero nuptiæ non sequantur, utraque parte consentiente, totum quod datum est restituitur; si per alterum tantum, si per illum qui sponsalitia dedit quia ille contrahi recusat, quæ ab eo donata sunt, repeti nullo modo pos-sunt. Quod si casu, puta mortalitatis, impediatur matrimonium et osculum intervenerit, quæ sponsus donavit, modo pro parte dimidia ipse repetet, vel ejus hæres; sponsa vero ejusve hæres indistincte totum. At osculo non interveniente, omne quod donatum restituitur, sive sponsus, sive sponsa donaverit. Osculum enim quoddam initium nuptiarum consummationis esse videtur.

## POSITIONES.

I. Filiafamilias obligari omnimodo potest nisi dotem dicendo.

II. Restituta dote necessarias impensas indebiti condictione repetere potest vir.

III. Post divortium defuncta muliere non aliter heredi ejus actio datur, quam si moram in dote reddenda maritus fecerit.

IV. An hæc regula : qui admittit debitorem delegatum debitoris nomen sequitur, vera est in delegatione dotis causa? — Nego.

V. Dos a patre profecta, mortua in matrimonio muliere, ad patrem revertitur deducta quinta parte in singulorum puerorum nomine, et, si plus quam quinque pueri sunt, tota relinquetur dos.

# DROIT FRANÇAIS.

Le régime dotal étant le régime unique du droit romain fut adopté, avec toutes ses conséquences et toutes ses rigueurs, dans les provinces du midi. Le père devait doter sa fille; il pouvait y être astreint par sentence des tribunaux. Mais on n'était pas d'accord sur l'interprétation de certains points de doctrine, et les parlements de Toulouse et de Grenoble avaient admis, en plusieurs matières, des systèmes complétement opposés : ici le mari possédait toutes les actions pétitoires et possessoires; là on ne lui accordait, à moins de clauses contraires, que les actions possessoires; les uns, dans le silence du contrat, répétaient tous les biens dotaux, les autres les considéraient, au contraire, comme paraphernaux.

En présence de ces divergences, les quatre commissaires nommés par le premier Consul pour préparer le projet de Code civil, ne voulurent prendre aucun parti et se contentèrent de passer sous silence le régime dotal. Ce n'était pas là, du reste, une prohibition tacite : les parties pouvaient l'adopter, elles étaient seulement astreintes à spécifier toutes ses règles et toutes ses conséquences au lieu de s'y référer d'une manière générale.

Mais, néanmoins, comme du silence de la loi, il semblait résulter une défaveur pour le régime dotal, les Cours d'appel de Toulouse, de Grenoble, de Montpellier et même celle dé Rouen, réclamèrent et leur réclamation fut écoutée.

Le régime dotal fut l'objet d'un chapitre spécial et devint un des quatre principaux régimes dont traite le Code. La disposition des textes semble même indiquer que la communauté et le régime dotal sont les seuls régimes distincts que reconnaisse la loi ; l'art. 1391 ne parle que de ces deux régimes, ils forment les chap. II et III du livre troisième, tandis que la séparation de biens et le régime sans communauté occupent la dernière section du chap. II, et paraissent n'avoir été considérés que comme des modifications du régime principal et non comme des régimes particuliers. Mais, ici, il ne faut pas s'en tenir à la lettre du Code : les rédacteurs ont suivi la classification de Pothier qui n'a placé le régime de séparation de biens et celui sans communauté que comme annexes de son Traité de la communauté ; en réalité ces deux régimes ont un caractère propre et différant autant du régime dotal que de la communauté conventionnelle.

Outre ces quatre régimes et les huit clauses modificatives de la communauté, le Code permet toujours aux contractants d'adopter les coutumes de leur province. Il leur laisse la plus complète liberté pour régler l'association qu'ils vont former et ne les oblige qu'à transcrire, dans l'acte notarié, les dispositions qui sont propres au régime adopté par eux. La société résultant du contrat de mariage se trouve donc complétement en dehors du droit commun : l'art. 1387 donne aux époux le pouvoir de faire des conventions qui seraient nulles dans tout autre contrat. Ainsi, dans les sociétés civiles ou commerciales, les associés sont toujours plus ou moins tenus des pertes ; la femme, au contraire, peut, dans certains cas, reprendre son apport sans contribuer aux dettes du ménage. — L'égalité est la base de toutes les sociétés ordinaires, tandis que la plus complète inégalité peut régner dans la société du mariage : l'un des époux a le droit de stipuler que la totalité des acquêts lui reviendra. — L'art. 1837 défend de mettre en commun *la propriété* des biens à venir, [tandis que, entre époux, l'art. 1526 permet une semblable disposition.

Cependant cette liberté exorbitante donnée au contrat de mariage doit cesser dès qu'elle peut porter atteinte aux bonnes mœurs ou à l'ordre public. Ainsi les époux ne pourraient modifier l'ordre légal établi pour les successions ; la femme ne peut renoncer au droit de demander la séparation, ni le mari aux pouvoirs de la puissance maritale. Toute clause qui dérogerait aux règles, soit de l'ordre public, soit du mariage, soit des successions serait donc non avenue, et cette nullité frapperait également les dispositions prises en considération de cette clause, de telle sorte que si tout l'ensemble du contrat s'enchaîne et se lie, la nullité d'une seule stipulation peut entraîner celle de toutes les autres.

En défendant, au reste, de modifier l'ordre des successions, la loi n'a pas entendu prohiber les avantages faits à un enfant déjà né, ou du moins déjà conçu, dans la limite de la quotité disponible ; ce qu'il a proscrit c'est l'usage, adopté dans plusieurs provinces, de disposer des successions non encore ouvertes ; c'est la coutume d'après laquelle, pour régler les droits des enfants à la succession de leurs parents, il fallait consulter le contrat de mariage de ceux-ci.

Le Code a également prévu un autre genre de difficultés pouvant résulter du sens du mot *dot* : comme il signifie tous les biens que la femme apporte au mari sous quelque régime que ce soit, les législateurs ont déclaré qu'il ne suffit pas de dire

que tous les biens sont dotaux pour constituer le régime dotal.
Les mots *régime dotal*, également, sont des mots arbitraires et
qui n'ont un sens particulier que par l'effet de la volonté du
législateur : on les a choisis pour grouper autour toutes les
traditions du droit romain et de la dot romaine.— A vrai dire,
tous les régimes sont dotaux.

La déclaration faite par les époux qu'ils entendent se marier
sans communauté, où qu'ils seront séparés de biens, est de
même insuffisante. Cependant, si après avoir dit quels biens sont
dotaux, les contractants stipulaient la paraphernalité pour tous
les autres, il y aurait là, sans déclaration expresse, adoption du
régime dotal. C'est la seule exception au principe de l'article 1392.

Dans tous les autres cas, le législateur ayant considéré le
régime de la communauté comme le régime de droit commun,
les époux qui n'ont pas fait de déclaration expresse sont supposés
avoir voulu se marier en communauté. La communauté est donc
la règle, le régime dotal, ainsi que tous les autres régimes, l'exception.

Le divorce, si fréquent à Rome, avait rendu le régime dotal
nécessaire : il importait à l'Etat que les femmes eussent des
dots inaliénables pour pouvoir se remarier ; *interest reipublicæ
uxores dotes salvas habere propter quas nubere possint*. En France,
le divorce n'était pas dans les mœurs, le mariage était plus res-
pecté, et au lieu de faciliter aux époux la rupture de leurs liens
en ne confondant pas leurs deux fortunes, on jugea plus utile
d'établir entre eux une société de gains et de pertes, qui resserât
leur union en les intéressant aux avantages et aux désastres
communs. La communauté, à la différence du régime dotal, laisse
les biens dans la circulation, et donne à la femme de puissants
motifs d'intérêts pour la prospérité du ménage ; elle a enfin une
origine toute nationale, toute moderne, et elle est plus en rap-

port que le régime dotal, avec les principes de la société chrétienne où le mariage est indissoluble et ne fait qu'un des deux époux.

*Formes.* Le législateur a entouré les conventions matrimoniales de nombreuses garanties pour les rendre sacrées et inviolables. Elles doivent être rédigées par devant notaire;

Elles doivent être faites avant le mariage ;

Elles sont aussi irrévocables que le mariage lui-même. Le contrat de mariage est donc, non-seulement un contrat authentique, mais encore un contrat solennel. S'il pouvait être fait sous seing privé, l'enregistrement n'assurerait que la date et non l'irrévocabilité, et les époux, en détruisant la date unique, détruiraient le contrat et les obligations qui les lient ; tandis que, le contrat étant fait par devant notaire, la minute en subsiste toujours et peut toujours être représentée.

Les conventions ne lient les parties que du moment de la célébration du mariage ; jusque-là elles peuvent être modifiées ; mais pour que ces changements soient valables, la loi exige :

1° Qu'ils soient faits dans la même forme que le contrat lui-même ;

2° Avec le consentement et en la présence des personnes qui ont pris part au contrat principal. Ce consentement doit être *simultané* pour que l'on ne puisse influencer et tromper les parties par des consentements obtenus isolément ; mais cette règle ne s'applique qu'aux donateurs et aux personnes dont l'assistance est nécessaire à la validité du contrat, et non à ceux qui ont signé *honoris causa*. Elle ne regarde pas, non plus, le notaire et les témoins qui peuvent n'être pas les mêmes que dans le contrat primitif ;

3° Que les changements soient inscrits à la suite de la minute du premier contrat;

4° Que toute expédition du contrat contienne les changements qui y auront été faits.

L'absence des deux premières conditions, ou de l'une d'elles, entraîne une nullité *erga omnes* ; l'absence des deux dernières une nullité *inter partes*.

Le nombre des personnes qui doivent être parties au contrat diffère selon que les futurs ont ou n'ont pas vingt et un ans. Pour le futur mineur, il faut le consentement des ascendants, qu'ils soient donateurs ou ne le soient point ; pour le majeur, il ne faut que le consentement des ascendants donateurs, encore peut-il s'en passer en renonçant à la donation.

Quant aux époux, ils doivent être habiles à contracter mariage. Un interdit, quand même il aurait sa pleine capacité au moment du contrat, n'en ferait pas moins un acte nul. Au-dessous de l'âge fixé par la loi, les mineurs, avec une dispense, peuvent se marier, mais ils doivent avoir cette dispense non-seulement à l'époque de la célébration du mariage civil, mais encore au jour de la rédaction du contrat devant le notaire.

L'art. 1398 pose le principe que le mineur habile à contracter mariage est habile à consentir toutes les conventions dont ce contrat est susceptible ; cependant il faut bien remarquer qu'une fille mineure ne pourrait pas, même avec le consentement de tous ses ascendants, restreindre l'hypothèque légale qui grève les biens de son mari. On a supposé qu'elle serait facilement trompée sur une matière aussi délicate que l'appréciation des biens hypothéqués, et que le consentement des ascendants pourrait être donné légèrement (v. 2140).

Sauf cette restriction, le contrat de mariage est le seul contrat où un mineur puisse figurer en personne et jouir des mêmes droits qu'un majeur. C'est le résultat du système de liberté absolue que la loi a voulu laisser dans le mariage ; elle a toujours craint que les parties ne fussent gênées ou influencées et elle a retiré toutes les entraves qui n'étaient pas nécessaires, soit à l'ordre public, soit à la sûreté même des contractants.

## RÉGIME DOTAL.
(Code Napoléon, 1540-1581.)

La dot du droit français n'est pas en tous points réglée par les mêmes principes que celle du droit romain; le législateur a fait usage à la fois de la législation romaine et des différents usages invétérés dans les pays de droit écrit. Le caractère de l'inaliénabilité n'est plus aussi strict, aussi absolu; le mari n'est qu'usufruitier de la dot, il n'est plus *dominus dotis;* la restitution des meubles, corps certains ou quantités, se faisait à Rome au bout d'un an; d'après l'art. 1565 la restitution des sommes dotales jouit seule de ce délai de grâce; Justinien, enfin, par la loi *assiduis*, accordait à la femme une préférence sur les créanciers antérieurs à elle en hypothèque; l'art. 1572 abroge complétement cette loi et rend la préséance aux créanciers antérieurs.

La dot étant sous tous les régimes, ce que la femme apporte au mari pour supporter les charges du ménage, le régime dotal ne peut pas se définir : *le régime dans lequel il y a une dot.* Sous la communauté, tous les biens meubles présents et à venir de la femme et l'usufruit des immeubles forment *la dot*; dans le régime de séparation de biens la femme apporte *en dot* le tiers de ses revenus; dans le régime exclusif de communauté, enfin, *la dot* consiste dans l'usufruit de tous les biens de la femme, présents et à venir, meubles et immeubles. Dans le régime dotal, au contraire, la dotalité n'est plus la règle, elle devient l'exception. Sont dotaux, seulement les biens que la femme déclare tels expressément, et encore n'en donne-t-elle que l'usufruit au mari. Tous les autres biens, tous ceux qui n'ont pas été constitués en dot, tous ceux que la femme acquiert postérieurement sont paraphernaux.

— La dot résulte de deux contrats :

L'un entre la femme et le mari, contrat à titre onéreux, puisqu'il n'est fait qu'en vue de subvenir aux charges du mariage, contrat dont les profits ne sont pas susceptibles de réduction et qui donne lieu à la demande en garantie en cas d'éviction.

L'autre, entre la femme et le tiers qui lui constitue une dot dans le contrat. Ici il faut distinguer entre les obligations qui lient la femme au constituant et celles qui lient la femme au mari.

Pour le mari, le contrat est toujours à titre onéreux.

Pour la femme et le constituant, le contrat est d'une nature complexe : il tient du contrat de bienfaisance, en ce que le constituant agit dans un but de pure libéralité, puisqu'il ne reçoit rien en équivalent de son aliénation. Quand donc la dot constituée dépassera la quotité disponible du donateur, elle sera soumise à la réduction; si la femme est appelée à la succession du constituant, elle devra, ou renoncer à cette succession, ou rapporter sa dot. Si elle est incapable de recevoir une libéralité du constituant la dot est nulle; enfin, si le donateur n'avait pas d'enfant au moment où il a constitué la dot, et qu'il lui en survînt depuis, la dot est révoquée.

L'incapacité qui amène la nullité de la dot, est personnelle à la femme : ainsi quand même le mari serait incapable de rien recevoir du donateur à titre gratuit, cette incapacité n'amènerait pas la nullité du contrat, le mari étant toujours considéré comme recevant la dot à titre onéreux.

Pour la femme, à la différence du constituant, ce contrat est à titre onéreux ; il en résulte qu'elle a droit à garantie en cas d'éviction; que les intérêts de la dot courent de plein droit du jour où le mariage a été célébré, et que si la dot a été constituée en fraude des créanciers, ceux-ci ne peuvent l'attaquer qu'autant que la complicité des deux époux est prouvée.

—La constitution de dot faite par la femme doit être formelle : elle peut contenir « *tous ses biens présents et à venir, ou tous ses biens présents, ou une partie de ses biens présents et à venir, ou même un objet individuel.* » La paraphernalité étant la règle, quand la constitution est faite en termes généraux, elle ne comprend que les biens à venir.

La constitution faite par un tiers est régie par des règles moins sévères : ainsi elle peut ne pas être expresse. Tous les biens qui sont donnés au mari, dans le contrat même, par un tiers, sont reçus *jure dotis* pour supporter les charges du mariage et soumis à la garantie en cas d'éviction.

Quant aux biens dont la femme ne dispose pas, elle en conserve la jouissance et la propriété : ils sont extra-dotaux, ou paraphernaux. Sous le régime de la communauté et sous le régime sans communauté, la paraphernalité est inconnue. Sous le régime de séparation de biens, la paraphernalité est au contraire la règle ; il en résulte que, si les époux déclarent se marier sous le régime dotal, sans qu'aucun bien n'ait été expressément constitué en dot, ils sont, dans le fait, mariés sous le régime de la séparation de biens dont les règles sont identiquement les mêmes que celles indiquées dans le chapitre du régime dotal pour l'administration des biens paraphernaux. La femme contribuera pour un tiers aux charges du mariage (voir 1536 et 1576).

La dot ne peut être constituée ni augmentée pendant le mariage. En droit romain il n'en était pas ainsi : mais les parlements du midi comprirent à quels dangers cette liberté laissée aux époux exposaient les tiers qui contractent avec eux, et défendirent de constituer la dot, une fois le mariage célébré. Les rédacteurs du Code allèrent plus loin et prohibèrent même toute augmentation apportée à la dot durant le mariage L'inaliénabilité est un mal que la loi doit restreindre le plus possible :

elle ne le permet que pour faciliter le mariage, mais une fois le mariage conclu, le but étant atteint, l'indulgence de la loi cesse , et toute sa sévérité contre les biens inaliénables reparaît.

Les époux ne peuvent donc changer un bien dotal en paraphernal, un bien paraphernal en bien dotal. C'est en ce sens qu'ils ne peuvent ni augmenter, ni diminuer la dot, mais ils peuvent l'augmenter ou la diminuer par des conventions particulières, non pas faites entre eux, *inter conjuges*, ce qui serait nul, mais entre un tiers donateur et l'un des époux. Ainsi, une femme s'est constitué en dot tous ses biens à venir : un tiers lui fait une donation après la célébration du mariage, en stipulant que le bien donné sera paraphernal ; cette stipulation est essentiellement contraire aux termes du contrat de mariage ; sera-t-elle nulle, cependant? Non. Le donateur est libre de donner ou de ne pas donner : s'il met une condition à sa donation , c'est qu'il suppose cette condition nécessaire , c'est que s'il la croyait nulle et non avenue, il ne ferait pas la donation : la condition n'est donc pas un désavantage pour le mari ; au contraire, c'est à cause d'elle que la donation a lieu, c'est à cause d'elle que le mari pourra voir augmenter l'actif du ménage du tiers du revenu de ces nouveaux biens paraphernaux.

On peut même aller plus loin et dire que la femme qui s'est constitué en dot tous ses biens présents peut valablement accepter une donation qui lui est faite à condition que le bien donné soit dotal. Car dans quel but le défendrait-on ? — De peur que la femme en augmentant les biens dotaux ne diminuât les biens paraphernaux, mais ici, rien de semblable n'a lieu. En l'empêchant d'accepter cette donation on lui causerait un véritable détriment, sans aucune compensation. La loi ne peut avoir voulu un résultat pareil.

Lorsque la dot est constituée par le père et la mère conjointement, chacun d'eux est supposé l'avoir constituée par égales portions. Peu importe le régime dans lequel les constituants sont mariés, la règle est générale et absolue. Ainsi on ne doit pas s'occuper de savoir quelle est la fortune du père, quelle est la fortune de la mère pour calculer la part de chacun dans la constitution. C'eût été là une source intarissable de procès que le Code a voulu éviter.

Cette disposition est conforme aux principes du droit commun d'après lequel, lorsque deux ou plusieurs personnes s'obligent sans solidarité, elles ne sont tenues, chacune séparément, que pour leur part et portion virile. Ce n'est pas une innovation, c'est la répétition d'une règle qui se trouve à l'art. 1202.

Mais si le père seul porte la parole et déclare constituer la dot pour droits paternels et maternels, quand même la mère serait présente au contrat, la dot demeure en entier à la charge du père. La signature de la mère, dans ce cas, n'est qu'*honoris causa :* aux yeux de la loi en signant, elle ne fait qu'accomplir un devoir, une formalité et non contracter un engagement.

Cependant, il faut bien remarquer que cette règle souffre une exception, quand le père dote l'enfant commun en effets de la communauté (1439). Si la femme accepte la communauté, elle sera tenue de la dot pour moitié.

Quant aux futurs époux, la règle est sans exception, peu importe le régime sous lequel ils se marient, quoique la disposition qui nous occupe se trouve au régime dotal.

*L'époux survivant peut constituer une dot pour biens paternels et maternels, sans spécifier les portions :* sur quels biens la dot se prendra-t-elle?

Cette question a épuisé la science des jurisconsultes romains ; ils ont proposé diverses solutions, toutes différentes entre elles. Avant Justinien, elle se prélevait moitié sur les biens du constituant, et moitié sur ceux de la succession du conjoint décédé, dont la fille hérite.

Sous Justinien, on devait distinguer quelle était la fortune du constituant : s'il était riche, la dot se prenait d'abord sur ses biens; s'il était pauvre, sur les biens de l'époux décédé.

Sous l'empire du Code, enfin, la dot se prélève d'abord sur les biens de la fille, et ce n'est qu'en cas d'insuffisance qu'on a recours aux biens du mari. Ce système est complétement nouveau; quoique très logique, il était inconnu en droit romain. On applique ainsi la règle de l'art. 1162, d'après laquelle, dans le doute, on doit interpréter les conventions en faveur de celui qui s'est obligé. L'époux survivant ne s'engage donc qu'à parfaire la somme promise.

Quand la fille dotée a des biens propres dont jouissent ses parents, la dot n'en sera pas moins prise sur leurs biens, sauf stipulation contraire. On ne donne pas ce qui appartient déjà au donataire.

Constituer une dot, c'est faire une donation ; cependant, à la différence de la donation ordinaire, et comme il a déjà été dit plus haut, le donataire reçoit à titre onéreux ; le donateur lui doit donc une garantie ; mais cette garantie n'est pas aussi complète, selon qu'il s'agit d'un immeuble ou d'une créance. Pour les créances, on applique les règles de 1693 à 1695 ; si, au lieu d'une créance, c'est une somme d'argent qui est constituée en dot, ses intérêts courent de plein droit sans qu'on puisse arguer du bénéfice du terme stipulé pour le paiement, à moins, toutefois de conventions contraires.

### Administration de la dot.

A Rome, l'estimation de la dot valait vente : la dot, dans ce cas, ne consistait qu'en une somme d'argent, valeur de l'estimation, et le mari devenait propriétaire des choses dotales qui lui étaient vendues, mais il ne pouvait les aliéner : *quamvis in bonis mariti dos sit mulieris tamen est*; il avait toutes les actions du légitime propriétaire, y compris la revendication. Quand donc les biens venaient à périr, l'obligation de restituer n'en subsistait pas moins pour le mari. Si la femme n'estimait pas sa dot, l'obligation du mari changeait, il n'était plus tenu qu'à la restitution des corps certains, et en cas de perte, il se trouvait libéré de son obligation. La propriété du mari se rapprochait beaucoup de l'usufruit; elle était dépouillée du caractère propre de toute propriété le *jus abutendi*.

Sous l'empire du Code, l'estimation vaut également vente : mais il faut distinguer si elle s'applique à des meubles ou à des immeubles, et cette distinction est toute dans l'intérêt de la femme.

Si elle apporte des meubles, choses périssables, en leur donnant un prix, le mari devient propriétaire de ces meubles : il devra, à la dissolution du mariage, rapporter non des meubles qui ont dépéri, qui n'existent peut-être plus, mais leur valeur indiquée dans l'estimation.

Si au contraire la femme apporte un immeuble, en l'estimant, cette estimation ne vaudra vente que s'il y a stipulation expresse. C'est là la grande différence d'avec le droit romain. L'estimation seule pour les immeubles ne constitue pas la vente, il faut une convention formelle.

La loi ne voit dans l'estimation de l'immeuble qu'un moyen de fixer la responsabilité du mari, si, par sa faute, il le laisse dépérir. La femme doit tenir à ses biens, et les biens fonciers ne faisant qu'augmenter ordinairement de prix, elle a plus d'intérêt à les recouvrer en nature qu'à en recevoir l'estimation qui peut n'en être plus la valeur.

Le pouvoir du mari sur les biens dotaux est un pouvoir d'administration très étendu ; il concerne :

1° Les sommes données en dot ;

2° Les meubles livrés avec estimation ;

3° Les immeubles livrés avec estimation et stipulation expresse, comme il vient d'être dit ;

4° Les immeubles acquis avec l'argent apporté en dot, s'il y a eu stipulation faite dans le contrat ;

5° Les immeubles livrés en paiement d'une dot constituée en argent, si, dans le contrat, il a été inséré que le donateur pourrait se libérer de la dot en argent par l'offre d'un immeuble qui deviendrait dotal. C'est là un cas de *datio in solutum*.

Ce pouvoir d'administration du mari consiste à exercer les actions mobilières, les actions possessoires immobilières et même les actions pétitoires. C'est là une anomalie avec le principe d'après lequel la femme reste propriétaire de ses biens dotaux. Il est étrange que les actions pétitoires n'accompagnent pas la propriété. Mais les rédacteurs du Code ont toujours vu dans le mari le *maître de la dot, dominus dotis ;* ils lui ont donné le caractère de mandataire, du tuteur. Il remplace complétement la femme propriétaire, mais cependant il n'est pas propriétaire. De ce caractère de mandataire, il résulte que si le mari est négligent, sa responsabilité est en jeu. Il répond des réparations non faites, de la prescription non interrompue. On lui applique toutes les règles de responsabilité tracées au mandat.

Il faut bien remarquer que le Code ne dit pas : *Le mari exercera toutes les actions pétitoires de sa femme ;* mais il dit : *Le mari a seul le droit de poursuivre les détenteurs des biens de sa femme.* Ce qui, non-seulement lui donne le droit d'exercer les actions

pétitoires, mais encore semble, par le mot *seul*, les refuser abso-
solument à la femme. Les jurisconsultes anciens, entre autres
Domat, admettaient que la femme pouvait demander l'autorisation de la justice; l'art. 83 du Code de procédure semble
rédigé dans ce sens; la jurisprudence a admis l'opinion contraire.

Cependant si le mari est absent, s'il veut, par malveillance,
causer du tort à sa femme, il serait bien sévère de laisser courir contre celle-ci une prescription, commencée avant le mariage, sans qu'elle pût l'interrompre. Elle se trouverait, dans
ce cas, pour sauvegarder ses intérêts, forcée de demander la séparation ; ce serait la mettre dans une nécessité fatale que la
loi ne peut avoir voulue.

En outre du pouvoir d'administrer les biens dotaux, en outre
de ce mandat dont il est revêtu, le mari possède un droit de
*jouissance* qui le rend *usufruitier* de la dot. Le Code le dit expressément : *Le mari a seul le droit de percevoir les fruits des biens
dotaux;* et par ce mot *percevoir,* il faut entendre, non-seulement le droit de toucher ou de récolter, mais encore celui de
garder et de s'approprier tout ce que ces biens sont destinés à
produire.

L'usufruit du mari est *sui generis.* Il a des privilèges particuliers et peut être comparé à celui des père et mère sur les biens
de leurs enfants. Si, comme l'usufruitier ordinaire, il est astreint
à faire inventaire des meubles, état estimatif des immeubles, il
est, à la différence de l'usufruitier de droit commun, dispensé
de donner caution ; il peut se faire restituer les améliorations
par lui faites à l'immeuble dotal jusqu'à concurrence de la plus
value ; enfin il a un droit tout personnel ; ses créanciers ne
peuvent pas plus saisir son droit d'usufruit, que lui ne peut
l'hypothéquer ou le céder.

Il y a encore entre l'usufruitier et le mari une grande différence qui est indiquée par l'art. 1571. L'usufruitier acquiert les
fruits naturels par la perception : le mari jour par jour. Il les
acquiert *ad sustinenda matrimonii onera* : il ne doit pas les con-
server dès que ces charges n'existent plus pour lui.

Sa jouissance doit être en raison de la durée du mariage ;
par conséquent on doit faire commencer l'année à partir de la
célébration du mariage, diviser la somme produite par les
fruits en trois cent soixante-cinq parties et donner au mari autant de fractions de la somme totale qu'il y a de jours pendant
lesquels il a supporté les charges du mariage dans l'année.

Quant aux fruits périodiques qui ne sont pas annuels, il faut
considérer les années du mariage comme composées d'autant
d'années qu'il s'en écoule d'une récolte à une autre récolte.

Cette jouissance donnée à l'époux n'est point de droit strict
et peut être restreinte par le contrat de mariage. La femme peut
stipuler qu'elle touchera annuellement, sur ses quittances, ce
qui est nécessaire pour ses besoins personnels et son entretien.

La grande restriction au pouvoir du mari, comme propriétaire, c'est *l'inaliénabilité du fonds dotal*. Elle a son origine dans
la loi Julia. Pour multiplier les mariages, après les désastres
des guerres civiles, Auguste décida que le mari ne pourrait
aliéner l'immeuble dotal situé en Italie ; Justinien défendit même
de l'hypothéquer, et étendit la règle aux fonds provinciaux.

C'est la loi de Justinien que le Code a reproduite. La femme
qui est propriétaire, mais incapable, pourrait autrement ob-
tenir une autorisation d'aliéner de son mari. De ce principe, il
résulte que l'immeuble dotal ne peut être grevé d'hypothèque ;
l'hypothèque comprend en elle-même un germe d'aliénation,
et les époux éluderaient facilement la défense d'aliéner en hy-
pothéquant, ne payant pas et se laissant exproprier.

On en a tiré encore la conséquence que le mari seul ne peut

provoquer une action en partage, car l'action en partage contient en elle-même un germe d'aliénation comme l'hypothèque.

Il résulte enfin de ce principe, que la femme ne peut renoncer au profit d'un créancier du mari à son hypothèque légale, et que l'immeuble dotal ne peut servir de gage aux créanciers qui ont traité pendant le mariage avec la femme autorisée par son mari ou par justice.

Mais en résulte-t-il que le mari ne puisse aliéner les meubles dotaux? La jurisprudence de la Cour suprême et des cours impériales admet la négative ; elle s'appuie sur l'expression générale : *biens dotaux* de l'art. 1556. « Puisque c'est là une exception, dit-elle, la règle générale est donc l'inaliénabilité des meubles et immeubles » ; elle met en avant l'ancien droit où le principe de l'inaliénabilité était admis; enfin, elle invoque l'intérêt des femmes qui doivent être également protégées qu'elles possédent des meubles ou des immeubles.

A ces arguments on peut répondre que prétendre que l'inaliénabilité est la règle absolue, c'est faire une pétition de principes : l'inaliénabilité n'est pas de l'essence du régime dotal, car on peut convenir qu'elle n'existera pas. Le véritable principe c'est l'art. 1554 qui ne parle que des immeubles.

Quant à l'ancien droit, il n'est pas aussi formel qu'on veut le croire. Les parlements de droit écrit n'étaient pas d'accord sur ce sujet, et le Code, en ne parlant dans la rubrique de la section II que *de l'inaliénabilité du fonds dotal*, s'est évidemment reporté au droit romain, et, sans s'occuper du droit français, s'est contenté de traduire les mots latins *fundus dotalis*.

L'art. 1556 ne prouve rien dans la matière ; il s'applique à tous les biens dotaux aliénables ou non. Si le législateur avait voulu tracer une règle nouvelle, aurait-il été la placer là ? Et enfin, comment appliquerait-on les art. 1557 et 1558 qui ne parlent que de l'immeuble dotal? dira-t-on que les immeubles peuvent être aliénés, mais que les meubles, dans les mêmes cas, ne le peuvent pas? Ce serait contraire à la logique du droit.

Au reste, il faut bien remarquer que l'occasion de discuter cette question ne sera pas très fréquente, car il y a la règle : *en fait de meubles, possession de bonne foi vaut titre*. Dans le système même de la jurisprudence, l'acheteur étant préservé par le bénéfice de 2279, verra son acquisition quoique nulle, produire tout son effet.

Il sera utile cependant de savoir si la dot mobilière est aliénable, lorsque l'objet mobilier est une créance (la créance ne peut pas être possédée de bonne foi); ou si la femme ayant emprunté avec autorisation de son mari, les créanciers voulaient saisir son mobilier. En admettant l'inaliénabilité, on réduirait à néant le bénéfice des créanciers.

Il ne faut pas admettre le principe de l'inaliénabilité comme sans exception : il a déjà été dit que les époux pouvaient s'y soustraire par une convention inscrite au contrat. Cette convention ne les place pas sous le régime de la communauté, car le mari aura toujours les actions pétitoires; il percevra les fruits naturels jour par jour, il aura toujours enfin le délai de l'article 1565 pour la restitution.

L'aliénation de l'immeuble dotal est encore possible avec permission de justice, aux enchères et après trois affiches : 1° *pour tirer de prison le mari ou la femme*; 2° *pour fournir des aliments à la famille dans les cas prévus par* 203, 205, 206 ; *a fortiori*, quand il s'agit de subvenir à l'existence des époux eux-mêmes. Le Code ne le dit pas, mais c'est une induction incontestable; 3° *pour payer les dettes de la femme ou du donateur de la dot, ayant date certaine antérieure au mariage.*

Ce point présente une difficulté : de quel cas s'agit-il ? Ce ne peut être des dettes de la femme qui s'est constitué une dot elle-même ; car si les créanciers sont hypothécaires, ils ont le droit de suite sans que l'autorisation de la justice leur soit nécessaire ; s'ils sont chirographaires, en se constituant la dot, la femme a diminué leur sûreté ; elle a aliéné *à titre onéreux* la jouissance de l'immeuble, ils ne peuvent donc pas saisir l'immeuble dotal en ce qui touche cette jouissance ; en ce qui touche la nue propriété, leurs droits ont également cessé ; puisque la femme a perdu la disposition de ses biens, ses créanciers l'ont aussi perdue. Les créanciers ne peuvent aliéner un bien qu'elle-même ne pourrait aliéner.

Si la dot est constituée par un tiers, le cas est le même pour les créanciers de la femme ; quant à ceux des tiers, s'ils ont une hypothèque, leur droit de suite est assuré.

Il ne peut donc s'agir que du cas où les époux demandent d'aliéner le fonds dotal pour payer leurs dettes ou celles du constituant, quand les créanciers ne pourraient pas exécuter saisie. C'est un sacrifice que les époux veulent faire aux convenances, à leur honneur ; mais de peur qu'ils n'abusent de ce prétexte, les tribunaux doivent apprécier l'utilité, et vérifier si ce n'est pas une fraude déguisée.

4° *Pour faire les grosses réparations de l'immeuble.* — On peut vendre une partie de l'immeuble pour entretenir l'autre. Ici l'idée de conservation lutte avec l'idée de conservation ; 5° *quand l'immeuble étant reconnu impartageable, la licitation est nécessaire pour sortir de l'indivision.* La loi ne parlant que de l'indivision, cette disposition ne regarde donc pas les partages en nature. On appliquera, dans ce cas, l'art. 832, et la femme pourra se passer de l'autorisation de justice, car nul n'est tenu de rester dans l'indivision. En droit français, le partage n'est plus une aliénation, puisqu'il est déclaratif et non translatif de propriété. Demander le partage, ce n'est donc pas vouloir une aliénation.

L'aliénation, outre ces cas, est possible : 1° avec l'autorisation du mari ou de la justice, au choix de la femme , pour aliéner l'immeuble, afin d'établir les enfants d'un premier lit, ou, pour toutes espèces de cause, si l'immeuble a été stipulé aliénable ; 2° avec l'autorisation seulement du mari, pour l'établissement des enfants communs. Si le mari refuse, la justice ne doit pas intervenir : on suppose des raisons de famille qui doivent rester secrètes.

Quoique l'aliénation de l'immeuble dotal soit interdite , l'échange est permis quand il est fait pour un immeuble de même valeur *pour les quatre cinquièmes au moins, avec le consentement de la femme, l'autorisation de justice et l'estimation par les experts du tribunal.* L'immeuble qu'on acquière ainsi devient dotal et l'excédant du prix doit être *remployé.*

Le législateur s'est, avec raison, relâché de sa sévérité pour les aliénations, à l'égard de l'échange : il ne réclame que l'utilité et non la nécessité. Quant à l'échangiste , sa position est moins sûre que dans les cas ordinaires , car si le mari ne faisait pas remploi de la somme donnée pour l'excédant , la femme pourrait recourir sur son immeuble échangé. L'échangiste fera donc bien de ne pas payer tant que le remploi n'aura pas été fait. La sanction du principe de l'inaliénabilité, consiste dans la nullité de l'aliénation.

Cependant le texte de 1560 n'établit pas clairement cette nullité, et il faut en dégager ce qui est commun à tous les régimes de ce qui est spécial à notre régime.

L'aliénation faite par la femme sans autorisation de son mari ou de justice, est nulle, d'après les art. 217 et 218 ; de même, celle faite par le mari , car il aliénerait la chose d'autrui. Quel est donc le cas particulier au régime dotal? C'est l'aliénation, valable sous tous les autres régimes, que le mari et la femme font conjointement.

Cette nullité n'est pas absolue ; l'aliénation n'est que rescindable : l'acquéreur ne peut donc pas réclamer, et la ratification a lieu tacitement au bout de dix ans écoulés sans réclamation. Pendant le mariage, le droit de réclamation appartient au mari ou à la femme séparée de biens : après la dissolution du mariage, à la femme et à ses héritiers ; toutes les fois que le mari ayant concouru à l'aliénation, n'a pas déclaré la dotalité de l'immeuble, il peut être condamné à payer des dommages-intérêts à l'acquéreur évincé.

Du principe de l'inaliénabilité découle l'imprescriptibilité : cependant, ce principe n'est pas sans exception : ainsi, comme la prescription est d'intérêt général, elle court pendant le mariage, quand elle a commencé avant.

La loi a vu ici dans le mariage un fait accessoire pour les tiers possesseurs, et a suivi le précepte : *res inter alios acta, etc.* Quand les époux se séparent de biens, la prescription commence à courir : la femme reprend tous ses droits, sa minorité cesse et elle peut se défendre sans avoir besoin d'exceptions et de priviléges. Ces principes résultent des articles 1560 et 1561, qui ont eu une origine différente : l'art. 1561 a été introduit par le Tribunat, dont la majorité était opposée à l'imprescriptibilité et à l'inaliénabilité des immeubles ; il a donc modifié la règle de l'art. 1560 en ce qu'elle avait d'absolu.

La dissolution du mariage et la séparation de corps ou de biens donnent naissance à la restitution de la dot. Il a déjà été dit quelles en sont les règles ; il reste seulement à remarquer que si le mari doit rapporter des immeubles, la restitution doit immédiatement avoir lieu, et que, s'il doit des meubles, il a un délai d'un an, à l'imitation du droit romain sous Justinien.

Lorsque c'est un usufruit qui a été donné en dot, le mari ne restitue pas les fruits échus avant le mariage, mais seulement le droit lui-même ; quant aux fruits échus depuis la dissolution du mariage, ils doivent toujours être restitués.

La femme ne doit rapporter à la succession de son père que
le droit qu'elle a contre la succession de son mari quand celui-
ci était insolvable ou sans profession : le père était en faute, il
savait en quelles mains il confiait la dot de sa fille ; il est donc
juste que celle-ci ne souffre point des fautes de son père. Mais
il n'en serait pas de même, évidemment, si le mari n'était
devenu insolvable que depuis le mariage ; car, dans ce cas, le
père ne serait pas en faute.

La femme, outre sa dot, a ses biens paraphernaux ; elle en
a l'administration et la jouissance ; mais, pour les aliéner, il
lui faut une autorisation de son mari ou de justice. Quand le
mari a la jouissance de ces biens paraphernaux, ses obligations sont celles d'un usufruitier, sauf l'obligation de donner
caution dont il est dispensé.

Telles sont les principales règles du régime dotal ; tels sont les
droits que le Code civil donne à la femme. Ces droits, cependant, souffrent une restriction dont il n'est pas question dans
les articles parcourus ci-dessus, mais que l'on trouve dans le
Code de commerce.

(Code de comm., 65-70, 557-564. — Loi du 10 juillet 1850.)

Les commerçants pourraient modifier leurs fortunes et les garanties de leurs créanciers par la rédaction de leur contrat de
mariage ; comme aussi ils pourraient augmenter leur crédit en
laissant supposer qu'ils sont mariés sous le régime de la communauté avec une femme dont la fortune est connue. C'est pour
éviter les dangers de ces fraudes que le Code de commerce a
décidé que les contrats de mariage des commerçants seraient
affichés dans l'auditoire du tribunal de commerce. Lorsque
l'époux, marié sous le régime dotal, sous celui sans communauté, ou séparé de biens, devient commerçant, il doit également
publier son contrat de mariage.

Ce principe de publicité du régime matrimonial a été étendu
par la loi du 10 juillet 1850, d'une façon moins sévère et moins
absolue aux contrats de mariage entre non-commerçants. Les
futurs époux doivent déclarer à l'officier de l'état civil s'ils ont
fait un contrat de mariage, sa date et le nom du notaire ; de
cette façon, quand les tiers contractent avec la femme, ils n'ont
qu'à demander la représentation de l'acte de l'état civil : s'il y
est dit que les époux n'ont point fait de contrat, ils peuvent trai-
ter en sûreté avec la femme qui se trouve mariée sous le régime
de la communauté. Avant la loi il n'en était pas ainsi : la femme
pouvait se déclarer commune, puis une fois l'affaire conclue ,
exhiber un contrat et prouver qu'elle était mariée sous le régime dotal ; de même aussi les tiers, craignant une fausse déclaration, pouvaient exiger des garanties extraordinaires et ne
vouloir s'engager qu'avec un cautionnement : de là résultait
une complication dans les affaires, qui a disparu depuis la nouvelle loi.

Outre les restrictions ci-dessus indiquées au secret des contrats
entre commerçants, le Code de commerce en a apporté aussi
aux droits mêmes de la femme, lorsque le mari tombe en faillite.
Trop souvent les contrats de mariage , au lieu de protéger la
femme, ne servaient qu'à spolier les créanciers du mari ; le législateur a empêché cette fraude en établissant que la femme du
failli ne reprendrait que son apport, et rien au delà : mais comment prouvera-t-on l'apport ? Pour les meubles apportés par la
femme, ou acquis de son chef par donation ou succession, il faut
un inventaire ou tout autre acte authentique ; sinon, tous les
effets mobiliers seront acquis aux créanciers du mari. — Pour
les immeubles, tous ceux qui n'ont pas été mis en communauté
et que la femme avaient apportés en se mariant, ceux qu'elle a
acquis par succession ou donation, ou des deniers provenant de
cette donation, pourvu que l'origine en soit prouvée par un in-

ventaire et que la déclaration d'emploi ait été stipulée dans l'acte d'acquisition, sont repris par la femme.

Dans la faillite, les présomptions légales ne sont pas favorables à la femme : les biens qu'elle a acquis sont, à moins de preuve contraire résultant d'actes authentiques , présumés acquis avec l'argent du mari, et sont, par conséquent, réunis à l'actif de la faillite. Quand elle prétend avoir payé les dettes du mari, elle est présumée l'avoir fait avec les deniers de celui-ci, et n'est point admise à la répétition.

Un autre désavantage pour la femme, c'est que son hypothèque légale ne repose que sur les biens dont le mari était propriétaire au moment du mariage, ou qu'il a reçus depuis par donation ou succession ; elle voit même les avantages que son mari lui avait faits avant d'être commerçant disparaître complétement dès qu'il devient commerçant et qu'il tombe en faillite.

Toutes ces dispositions empêchent une combinaison coupable, par laquelle le mari pourrait déjouer tous les droits de sès créanciers en transportant sa fortune sur la tête de sa femme ; mais il faut reconnaître que celle-ci se trouve peu protégée et est exposée à voir souvent sa fortune absorbée par la faillite de son mari.

## POSITIONS.

I. La dot mobilière est-elle aliénable? — Oui.

II. Le mari peut-il seul provoquer une action en partage et y répondre seul? — Non.

III. La réserve du droit d'aliéner n'emporte-t-elle pas le droit d'hypothéquer? — Oui.

IV. Le mari peut-il engager les fruits des immeubles dotaux? — Non.

V. Le mari a-t-il les actions pétitoires à l'exclusion de la femme? — Non.

VI. Quand la femme s'est constitué en dot ses biens à venir, un tiers peut-il valablement lui faire une donation, en stipulant la paraphernalité? — Oui.

VII. Et réciproquement, la femme qui s'est constitué ses biens présents, peut-elle recevoir une donation où la dotalité est stipulée? — Oui.

VIII. Quand la femme s'est obligée par un crime ou un délit, ses immeubles dotaux deviennent-ils saisissables? — Oui.

*Vu par le Président de la thèse,*
MACHELARD.

*Vu par le Doyen,*
C.-A. PELLAT.

www.ingramcontent.com/pod-product-compliance
Lightning Source LLC
Chambersburg PA
CBHW060512210326
41520CB00015B/4202